견딜 수 없네

문학과지성사에서 펴낸 정현종의 시집

나는 별아저씨(1978)
떨어져도 튀는 공처럼(1984)
한 꽃송이(1992)
세상의 나무들(1995)
갈증이며 샘물인(1999)
광휘의 속삭임(2008)
그림자에 불타다(2015)
정현종 시전집(1999, 전집)

문학과지성 시인선 R 05

견딜 수 없네

초판 1쇄 발행 2013년 11월 15일
초판 4쇄 발행 2019년 3월 4일

지 은 이 정현종
펴 낸 이 이광호
펴 낸 곳 ㈜문학과지성사

등록번호 제1993-000098호
주   소 04034 서울 마포구 잔다리로7길 18(서교동 377-20)
전   화 02)338-7224
팩   스 02)323-4180(편집)   02)338-7221(영업)
전자우편 moonji@moonji.com
홈페이지 www.moonji.com

ⓒ 정현종, 2013. Printed in Seoul, Korea

ISBN 978-89-320-2465-3 03810

이 책의 판권은 지은이와 ㈜문학과지성사에 있습니다.
양측의 서면 동의 없는 무단 전재 및 복제를 금합니다.

문학과지성 시인선 R 05

견딜 수 없네

정현종

2013

시인의 말

　문학과지성사가 R시리즈를 시작한다고 한다. R은 리바이벌, 르네상스 등의 뜻을 담고 있다고 한다. 영어사전을 보면 금방 알 수 있지만 revival이라는 단어에는 되살아남, 소생, 부활, 부흥, 생기가 넘침 같은 뜻이 있다. R시리즈는 그럴듯하다.
　시집 기획과 출판이 별로 활발하지 않은 다른 출판사에서 나온 내 시집들을 R시리즈에 합류시킨다. 어차피 결국 문지로 가져와야 할 시집들이다.

2013년 11월
정현종

견딜 수 없네

차례

시인의 말

나의 명함　9
사람은 언제 아름다운가　10
나방이 풍경을 완성한다　11
네 눈의 깊이는　12
흐트러지다　13
비스듬히　14
살인자　15
말하지 않은 슬픔이……　16
새로운 시간의 시작　17
동물의 움직임을 기리는 노래　18
감격　19
"나는 슬픔이에요"　20
노래의 자연　21
아귀들　24
끝날 때는　25
꽃들의 부력으로　26
어리석겠으나　27
서울살이　29
빛-꽃망울　30
견딜 수 없네　32

시간의 게으름	34
절망의 그림자	36
이쁜 여자가 스쳐 지나가면	37
내 마음의 폐허	38
밑도 끝도 없이 시간은	39
행복	41
문장이라는 실이여	42
싹트는 빛에 싸여	43
난경	45
집을 찾아서	47
권력	49
경청	51
풀잎은	53
낙엽	54
마음의 무한은	56
이런 투명 속에서는	58
이런 투명 속에서는 : 변주	60
이런 투명 속에서는 : 두번째 변주	61
좋아하는 것도 한이 없고	62
때와 반복의 거창한 그림자들	63
마음이 한가해서	64
흰 종이의 숨결	65
예술의 힘 1	66
예술의 힘 2	68
예술의 힘 3	70
나쁜 운명	72
굉장한 일	73

수심가 74
   모든 건 꽃핀다 75
   향기의 외로움 76
    간단한 부탁 77
충족되지 않은 상태의 즐거움 79
 형광등으로 태양을 비추다 80
     어떤 문답 84
       어조 85
       아침 86
       기운 87
  여기가 거기 아닌가! 88
    시간에 대하여 89

해설|어스름의 시학·우찬제 90
기획의 말 117

나의 명함

이 저녁 시간에,
거두절미하고,
괴강(槐江)에 비친 산 그림자도 내
명함이 아닌 건 아니지만,
저 석양—이렇게 가까운 석양!—은
나의 명함이니
나는 그러한 것들을 내밀리.
허나 이 어스름 때여
얼굴들 지워지고
모습들 저녁 하늘에 수묵 번지고
이것들 저것 속에 솔기 없이 녹아
사람 미치게 하는
저 어스름 때야말로 항상
나의 명함이리!

사람은 언제 아름다운가

자기를 벗어날 때처럼
사람이 아름다운 때는 없다

나방이 풍경을 완성한다

넓은 창
바깥
먹구름 떼
쏟아지는 비
저녁빛에 젖어
큰바람과 함께 움직인다.
그렇게 싱싱한 바깥
그 풍경 속으로
나방 한 마리가 휙 지나간다
—.

나방이 풍경을 완성한다!

네 눈의 깊이는

네 눈의 깊이는 네가 바라보는 것들의 깊이이다.
네가 바라보는 것들의 깊이 없이 너의 깊이가 있느냐.
깊고 넓다 모든 표면이여
그렇지 않느냐 샘물이여.

흐트러지다

'도덕'이라는 말이 없는 세상에서의
도덕을 그리거니와
흐트러짐이
흐트러지지 않음의 극치로서 꽃피어
바람 불 때……

비스듬히

생명은 그래요.
어디 기대지 않으면 살아갈 수 있나요?
공기에 기대고 서 있는 나무들 좀 보세요.

우리는 기대는 데가 많은데
기대는 게 맑기도 하고 흐리기도 하니
우리 또한 맑기도 하고 흐리기도 하지요.

비스듬히 다른 비스듬히를 받치고 있는 이여.

살인자

꿈에, 나는 살인자로서 쫓긴다. 들통이 나면 어쩌나 전전긍긍, 좁혀 들어오는 수사에 한없이 불안하다가, 곡예비행하는 비행기가 아슬아슬하게 땅에 접근했다가 날아오르는 것처럼 간신히 벗어나는가 싶을 때 잠을 깬다, 아 다행스러우면서 그러나 마음은 무겁다——그 꿈이 나를 무겁게 한다.

사람을 실제로 죽인 사람만이 살인자인가.
아닐 것이다.
예컨대 말 한마디, 눈초리 하나도 살인적일 수 있을 것이다.
어떤 거짓말은 살인적이고
어떤 진실도 살인적이다.
어떤 냉담도 그렇고
어떤 열정 또한 그러하다.

이 나락을 어찌하리.

말하지 않은 슬픔이……

말하지 않은 슬픔이 얼마나 많으냐
말하지 않은 분노는 얼마나 많으냐
들리지 않는 한숨은 또 얼마나 많으냐
그런 걸 자세히 헤아릴 수 있다면
지껄이는 모든 말들
지껄이는 입들은
한결 견딜 만하리.

새로운 시간의 시작

눈이 내리기 시작하는 순간을 보아라
하나둘 내리기 시작할 때
공간은 새로이 움직이기 시작한다.
늘 똑같던 공간이
다른 움직임으로 붐비기 시작하면서
이색적인 선(線)들과 색깔을 그으면서, 마침내
아직까지 없었던 시간
새로운 시간의 시작을 열고 있다!

그래 나는 찬탄하느니
저 바깥의 움직임 없이 어떻게
그걸 바라보는 일 없이 어떻게
새로운 시간의 시작이 있겠느냐.
그렇다면 바라건대 나는 마음먹는 대로
모오든 그런 바깥이 되어 있으리니……

동물의 움직임을 기리는 노래

나무들 앙상하고
몇 그루는 쓰러져 있는
삭막한 겨울 숲을 가는데
빨리 움직이는 바스락 소리 들린다.
들고양이 한 마리 재빨리 움직인다─순간
(나도 모르게 낮고 힘있게 야─야─야─야─)
온 숲에 일기 시작하는 파동!
앙상한 나무들도 쓰러진 나무들도
일렁이기 시작하고
그 일렁임 널리 퍼져나간다.
천지에 활동하는 기운을 퍼뜨리고
천지의 근육을 만들고
12월이 꽃피는 듯하다.

감격

재 속의 불씨와도 같이
나는 감격을 비장하고 있느니
길이여 시간이여 살림살이여
점화(點火) 없이는 살아 있지 못하는 것들이여.

"나는 슬픔이에요"

문을 열고 나가자
복도 저쪽 어두운 구석에서
지키고 있었다는 듯이 시간이
귀신과도 같이 시간이
검은 바람결로 움직이며 말한다.
"나는 슬픔이에요"

오가는 발소리들
무슨 웅얼거림들
그 시간에 물들어
비치고 되비치며 움직이느니

우리는 때때로
제 목소리를 낮추어야 하리.
조용해야 하리.

노래의 자연
──미당 서정주 선생을 추모하며 그의 시를 기리는 노래

향가 이후
이런 무의식의 즙이 오른 언어가 어디 있었느냐.
땅이 꽃을 피워내듯이
나무에 물오르고 뻐꾸기가 울듯이
시의 제일 높은 자리
노래의 자연을 만판 피워냈느니.
활자들이 모두 주천(酒泉)이기나 한 듯
거기서 술이 뽈록뽈록 용출(湧出)하여,
우리는 민족적으로 취하여,
정치 경제 군사 또 그 무엇도 하지 못한
신명을 풀무질하지 않았느냐.
(그러니 그의 정치적 백치
뒤에 오면서 늘어나는 과잉 능청 그런 것들은
'악덕의 영양분'으로 섭취하는 게 좋으리.
용서를 빈 바도 있으시고
브레히트의 '쉰 목소리'도 그럼직하며
관용은 정의를 비로소 정의롭게 하리니)
어떻든 잘 익은 술이나 김치의 맛과도 같이

그다지도 곰삭은 그의 노래의 맛은
느낌의 영매(靈媒)의 이 또한 곰삭은 몸과 마음에서
샘솟아 흘러나온 것이니
괴로우나 즐거우나
세상살이의 맛을 한결같게 하는
노래의 일미행(一味行)이 아니고 또 무엇이랴.
감정이거나 욕망이거나 꽃이거나 바람이거나
그 노래에서 새로 태어난 사물의 목록
그 탄생의 미묘한 파동의 목록을 우리는 아직
다 작성하지 아니했느니.
(한 나라 한 부족이 대접을 받으려면
문화적 보물이 있어야 한다는 건 뻔한 얘기)
나는 술잔을 앞에 놓고
한국어의 한 자존심 그 보물 중에서
내 십팔번 「푸르른 날」을 불러본다.

내가 죽고서 네가 산다면!
네가 죽고서 내가 산다면?

눈이 부시게 푸르른 날은
그리운 사람을 그리워하자

아귀들

계곡마다 식당이 들어차고
물가마다 레스토랑이 즐비하다.
이 나라 산천 가는 데마다
식당이요 카페요 레스토랑뿐이다.
굶어 죽은 귀신들이 환생을 해서 저렇게 됐을 것이다.
또 다른 아귀들은 몰려들어 아귀아귀 먹는다.
(다 아는 얘기지만
대학가도 도시의 골목도
식당과 술집으로 미어진다!)
한 아귀인 나는 토종닭을 시켜 먹으며
이 천박한 나라를 개탄하고 개탄한다.
이 나라 이 국민은 어쩌다 이렇게 되었는가.
이 땅의 계곡들아 대답해다오.
바다야 강물들아 대답해다오.
아귀들 대답해다오.

끝날 때는

모든 일은
시작되고 끝난다.
시작할 때는
시간의 안쪽에 있는 것 같고
끝날 때는
시간의 바깥이다.
적막하다.

꽃들의 부력으로

진달래, 벚꽃 핀 하늘에
새가 선회하며 난다.
꽃 때문인 듯 저 비상(飛翔)은,
꽃들의 부력(浮力)으로 떠서
벗어날 길이 없는 듯.
미풍이나 거기 들어 있는 온기도
꽃에서 시작되는 것이었다!

어리석겠으나

젊은 여자가 내 일터의 복도에서
누구의 방을 찾는지 정중하게
조심스럽게 문패를 살피며
움직이고 있다—오
저런 태도로 찾지 않는다면 언제
이 방들은 드높여질 것인가.

방 사람이 어떤 사람인지
닫힌 문은 말하지 않고
말 없는 문패도 그렇고
모든 허울은 때때로 우리를
참을 수 없게 한다고 하더라도

스스로 드높은 게 어디 흔하랴.
어리석겠으나
저런 태도가 꾸며주어 그렇게 되는 것이리니
누구의 가슴 앞에서든지

무엇 앞에서든지
찾기는 저렇게 찾아야 할 것이리라.
어두운 저 복도 끝
문에서 비껴드는 햇빛과 더불어.

서울살이

북한산 하늘 위 뭉게구름은
한 손에 낚아채고
또 보니 관악산 쪽에 뭉게구름
역시 한 손에 낚아채고.

권태가 폭발하는 방식.

빛-꽃망울

당신을 통과하여
나는 참되다, 내 사랑.
당신을 통과하면
모든 게 살아나고
춤추고
환하고
웃는다.
터질 듯한 빛―
당신, 더없는 광원(光源)이
빛을 증식한다!
(다시 말하여)
모든 공간은 꽃핀다!

당신을 통해서
모든 게 새로 태어난다, 내 사랑.
새롭지 않은 게 있느냐
여명의 자궁이여.
그 빛 속에서는

꿈도 심장도 모두 꽃망울
팽창하는 우주이니
당신을 통과하여
나는 참되다, 내 사랑.

견딜 수 없네

갈수록, 일월(日月)이여,
내 마음 더 여리어져
가는 8월을 견딜 수 없네.
9월도 시월도
견딜 수 없네.
흘러가는 것들을
견딜 수 없네.
사람의 일들
변화와 아픔들을
견딜 수 없네.
있다가 없는 것
보이다 안 보이는 것
견딜 수 없네.
시간을 견딜 수 없네.
시간의 모든 흔적들
그림자들
견딜 수 없네.
모든 흔적은 상혼(傷痕)이니

흐르고 변하는 것들이여
아프고 아픈 것들이여.

시간의 게으름

나, 시간은,
돈과 권력과 기계들이 맞물려
미친 듯이 가속을 해온 한은
실은 게으르기 짝이 없었습니다.
(그런 속도의 나락에서 헤어나지 못하고 보면
그건 오히려 게으름이었다는 말씀이지요)

마음은 잠들고 돈만 깨어 있습니다.
권력욕 로봇들은 만사를 그르칩니다.
자동차를 부지런히 닦았으나
마음을 닦지는 않았습니다.
인터넷에 뻔질나게 들어갔지만
제 마음속에 들어가보지는 않았습니다.

나 없이는 아무것도
있을 수가 없으니
시간이 없는 사람들은 실은
자기 자신이 없습니다.

돈과 권력과 기계가 나를 다 먹어버리니
당신은 어디 있습니까?

나, 시간은 원래 자연입니다.
내 생리를 너무 왜곡하지 말아주세요.
나는 천천히 꽃 피고 천천히
나무 자라고 오래오래 보석 됩니다.
나를 '소비'하지만 마시고
내 느린 솜씨에 찬탄도 좀 보내주세요.

절망의 그림자

순간순간 절망을 넘어서려고 그러는 거야.
산보
술 한잔
한숨과 눈물
어떤 꽃
어떤 웃음
무책(無策)을 밀고 나가는 듯한
힘찬 몸짓
무슨 지껄임
뒷모습만 있는 그림자.

이쁜 여자가 스쳐 지나가면

이쁜 여자가 스쳐 지나가면
내 다리는 갑자기 감속되다가
급기야는
뒷걸음질 치는 것이야!
(이상할 게 없어요
뒷걸음질이 건강에 좋다는 설도 있으니)

내 마음의 폐허

1

내 마음에 깃든 이 폐허는
머나먼 조상 물거품보다도 더 전에
벌써 살랑대기 시작하여
지나가는 것과 함께
사라지는 것과 함께
그 기운 더욱더 깊어져왔으니
손짓과 포옹들이여
눈물과 웃음들이여
시간의 바람결이여

2

다만 미의지(美意志)가 어떤 무너진
신전(神殿)에 위엄이 어리게 했듯이
욕망의 폐허여 애틋한 거기
내 노래는 허공을 받치는 기둥들을 세워
한 줌의 위엄이라도 감돌게 하였으면······

밑도 끝도 없이 시간은

시간의 모습이다
얻는 건 없고
잃는 것뿐이다
흉악하다거나 야속하달 것도 없이
시간은 슬픔이다
그 심연은 밑도 끝도 없어
밑도 끝도 없이 왜 그러시는지
정말 밑도 끝도 없어
석탄을 캐내고 금을 캐내고
지축(地軸)을 캐내도
무량(無量) 슬픔은
욕망과 더불어
욕망은 밑도 끝도 없이
운명을 온 세상에
꽃도 허공의 눈짓도
실은 바꿀 수 없는
운명을 온 세상에

시간이여, 욕망의 피륙이여
무슨 거짓말도 변신술도
필경 고통의 누더기이니
살아서
다 놓아버린 뒤란 없기 때문이다
시간을 여의기 전에는……

행복

산에서 내려와서
아파트촌 벤치에 앉아
한 조각 남아 있는 육포 안주로
맥주 한 병을 마시고
지하철을 타러 가는데
아 행복하다!

나도 모르겠다
불행 중 다행일지
행복감은 늘 기습적으로
밑도 끝도 없이 와서
그 순간은
우주를 온통 한 깃털로 피어나게 하면서
그 순간은
시간의 궁핍을 치유하는 것이다.
시간의 기나긴 고통을
잡다한 욕망이 낳은 괴로움들을
완화하는 건 어떤 순간인데
그 순간 속에는 요컨대 시간이 없다.

문장이라는 실이여
―글쟁이의 한 마음

문장이라는 실이여
끊어지면 생명도 끊어지느니.
옷감을 짜든 떨어진 데를 깁든
수를 놓든
(끊어진 데서 피도 보이고 한숨 소리도 들리니)
이어지거라, 면면히라고도 했으니,
지상의 샘물들이
땅 위에 수를 놓듯이.

싹트는 빛에 싸여
―어둠을 기리는 노래

1

홍천 수하리 응봉산 두 봉우리 사이로
상현달이 떠오른다.
산속에서
맑은 공기 속에서
칠흑 어둠 속에서
떠오르는 달을
내 두 눈은 본다.
본다는 건 이런 것이다!
더 놀라운 거,
달은 온몸이 눈이다!

2

달이 잘 익으려면
(즉 제빛을 내려면)
칠흑 어둠이 필요하다.
어디 천체뿐이겠는가?
곡식도 영혼도 동식물 광물도

잘 자라고 익으려면
(즉 제빛을 잘 내려면)
어둠이 있어야 한다.
〔도시의 전기 불빛에 갇혀
밤의 어둠을 잃고
그 어둠에 수태(受胎)되어 푹
젖어 있지 못하는 인간의 불행은 크다〕
칠흑 어둠은 만물의 모태,
그 속에서 곡식은 살찌고
영혼은 싹트는 빛에 싸이며
동식물, 광물들
그 알 수 없는 깊이 속에서
일제히 꿈을 꾼다.

잃어버린 모태여
산골의 칠흑 어둠이여.

난경

1

모든 문학 작품은 실은
난경의 소산일 것이다.
인생이든 작품이든 무슨 일이든
모든 시작과 중간과 끝은
난경 아닌 게 없기 때문이다.
그게 모두 힘들기 때문이다.

모든 게 그렇듯이
난경은 욕망의 소산이다. 그러므로
생명은 항상 난경 속에 있다.
(누가 그걸 모르나)

2

내가 하려는 얘기는 다름 아니라
난경을 벗어나는 데 대한 것이다.
너무 상스럽게 벗어나지는 말자는 것이다.
자기 난경을 벗어나려고 남을 너무 해치지 말자는 것이다.

〔마누라를 팬다든지 하는 거야 우리가 알 바 아니다. 지금은 공생활. 공인(公人)을 두고 하는 얘기이다〕

예술작품에도 만든 사람의 난경을 벗어나려는 태도와 표정이 들어 있다.

그리고 그게 아무리 못마땅해도 그건

감상자를 크게 해치지 않는다.

무시해버리면 되기 때문이다.

그러나 권력이나 돈이 걸린 싸움이 너무 상스럽고 맹목적이면

그 탐욕의 난경은 우리 모두의 고통이 된다.

국가든 정부든 정당이든 무슨 기관이든 개인이든

그 탐욕과 맹목은

사회 전체를 거지 같은 난경에 처하게 한다.

난경에도 종류와 질(質)이 있다.

오늘날 이 나라의 난경은 거지 같지 않은가.

집을 찾아서

회사원 학원강사 하다가
'속물을 벗으려고' 홍천으로 귀농하여
제 손으로 침목집을 짓고 정착한
종각이네 집에서 하룻밤 잔다.
동행 석제, 재길이와 함께.
이렇게 무욕(無慾) 쪽으로
노동 쪽으로 하루 가보는 일,
(실은 그쪽으로 가고 싶기도 하여)
그 노동과 무욕의 모태인
자연 속에 있는 일,
맑은 공기와 한우 고기, 땅에 묻은
김치, 마음 움트는 고요 같은 걸로 보상받고
현대적, 도시적, 추상적인 것들의 저
깊은 병(病)에서 한껏 해방되어
태양과 계절의 걸음걸이에 합류하는
그 자발적인 가난,
아무래도 그게 유일한 희망인데,
둘째 날 아침

재길이네 아파트 10층에서 본
치악산 위로 솟아오르는 불덩어리,
그 빛 덩어리,
높은 산이 쑤욱 낳고 있는 빛 덩어리,
배화교(拜火敎)든 태양신교든
저절로 순식간에 생겨 세계의 목을 메게 하는
그 빛 덩어리,
비할 데 없는 비타민을 나는 꿀꺽 삼켰던 것이다.

권력

권력은
(무슨 권력이든)
있을 때
행사하는 걸
삼가야 하는 것.
정말 힘 있는 존재는
그게
저절로 된다는 것.
그게 스스로 안 되면
그건
힘이 없다는 증거.
권력은
그 행사를
삼갈 때
힘차고,
그 삼가는 게
저절로
그렇게 될 때

그건

아름다운 것.

빛나고

아름다운 것.

경청

불행의 대부분은
경청할 줄 몰라서 그렇게 되는 듯.
비극의 대부분은
경청하지 않아서 그렇게 되는 듯.
아, 오늘날처럼
경청이 필요한 때는 없는 듯.
대통령이든 신(神)이든
어른이든 애든
아저씨든 아줌마든
무슨 소리든지 간에
내 안팎의 소리를 경청할 줄 알면
세상이 조금은 좋아질 듯.
모든 귀가 막혀 있어
우리의 행성은 캄캄하고
기가 막혀
죽어가고 있는 듯.
그게 무슨 소리든지 간에,
제 이를 닦는 소리라고 하더라도

그걸 경청할 때
지평선과 우주를 관통하는
한 고요 속에
세계는 행여나
한 송이 꽃 필 듯.

풀잎은

바람결 따라
풀잎은 공중에 글을 쓰지 않느냐.
어디로 가겠는가.
나는 손과 펜과 몸 전부로
항상 거기 귀의한다.
거기서 나는 왔고
거기서 살았으며
그리로 갈 것이니……

낙엽

낙엽은
발바닥으로 하여금
자기의 말을
경청하게 한다.
(은행잎이든 단풍잎이든)
낙엽은
스스로가
깊어지는 생각
깊어지는 느낌으로서
즉시
그 깊어지는 것들을
뿌리내리게 한다.
낙엽은 하나하나
깊은 생각의 뿌리
깊은 느낌의 뿌리이다.
그 뿌리에서 자라 다시
낙엽은 지고,
떨어진 잎들은

마음의 허공에
다시
떨어진다.
마음의 허공에서
한없이 깊어지는
땅.

마음의 무한은
── 2002년 새해에

허리가 아파서
병원 물리치료실에서 물리치료를
받고 있는데 느닷없이
기쁨이 물밀듯
밀려온다. 이 밀물은 어디서 오는가,
내 가슴에 들어 있는 수평선의 무한에서인가,
(실은, 보이는 무한은 감당하기 어렵다
무한은 보이지 않아야 한다)
아니면 회복되는 기미에서인가,
또는 라디오에서 흘러나오는 트럼펫 소리인가.
생명은 욕망이니 여기저기 아프겠지만
수평선이요 지평선이요 하는 그
하늘에 닿아서 무한인 그
끝없는 열림,
거기 내 마음 항상 합류하니
마음은 수평선
그래서 그런가.
아픈 허리가

수평선을 지우지 못하고
세상의 슬픔이 마음의 무한을 막지 못하느니,
지상에 비참이 끊이지 않고
인류가 아무리 어리석어도
(시적 들림인가)
마음의 무한은 자글자글
아지랑이요 랑이요 타오르느니.

이런 투명 속에서는
──맑은 날에

날이 하도 맑아서
병원 쪽에 하기로 한 전화를
그만둔다.
이런 맑음 속에서는
몸도 이미 투명하여
병도 없고
죽음도 없다.
이렇게 투명으로 불타는
몸에는
병도 죽음도
깃들 데가 없다.
(병 걸릴 몸도 없고
죽을 몸도 없다)
이런 투명 속에서는
일체가 투명하여,
아무것도 보이지 않아,
몸도 마음도
보이지 않아,

(그야말로)

나지도 않고

죽지도 않아,

성스러워,

전무(全無)하여!

이런 투명 속에서는 : 변주
—맑은 날에

이런 맑음 속에서는
이런 투명을 잘 느끼는
천만 인의 여자로도 부족하리.
삶으로는 물론이고
죽음으로도 부족하리.
한 권의 책이든
수만 권의 책이든
부족하리.
어떤 모습으로든
나타나지 않으리.
일체가
입 다물고
사위어,
이 이상한 마비를
박제하리.

이런 투명 속에서는 : 두번째 변주
―맑은 날에

이런 투명 속에서는

나는

(정말이지)

말을 못 한다.

사람과 마주치지 않겠다.

(여치나

방아깨비 근처는 괜찮을까)

투명에 합류하여

보이지 않겠다.

좋아하는 것도 한이 없고

좋아하는 것도 한이 없고
싫어하는 것도 한이 없다.
미워하는 것도 한이 없고
사랑하는 것도 한이 없다.
그 한없는 것들이
나를 파괴하지 않기를 바란다면
그건 실로 도둑놈의 심보가 아니랴.

때와 반복의 거창한 그림자들

가령
저녁을 먹는 일은
(매일 먹어야 한다면)
중요하다.
그러므로
거기 딸린 모든 게 중요하다.
배고픔과 배부름,
나눔과 노동,
잡담,
친밀과 냉담,
기쁨과 슬픔,
느낌의 베일에 비치는 그
그림자들은
더없이 소중하다.
저녁을 먹는 일은
어떤 거창한 일의 일부가 아니다.
그건 그 자체로서 거창하다.

마음이 한가해서

마음이 한가해서 거의 졸린 상태

마음이 한가해서 거의 졸린 상태

아, 거기서 한 천년 살고지고

흰 종이의 숨결

흔히 한 장의 백지가
그 위에 쓰여지는 말보다
더 깊고,
그 가장자리는
허공에 닿아 있으므로 가없는
무슨 소리를 울려 보내고 있는 때가 많다.
거기 쓰는 말이
그 흰 종이의 숨결을 손상하지 않는다면, 상품이고
허공의 숨결로 숨을 쉰다면, 명품이다.

예술의 힘 1
—폴란스키의 「피아니스트」에서

눈으로 볼 수 없는
잔혹한 장면에서는
눈 감고
구역질.
「무반주 협주곡」과
「월광 소나타」가
잠깐씩 나올 때
그리고 쇼팽을 연주할 때는
눈물이 왈칵 나왔다.
단어를 말하는 혓바닥을
산더미처럼 쌓아놓고 불을 질러도
그 참담을 말할 길이 없는
유사 이래의
국가라는 것
정치라는 것
정치 이념이라는 것
군사라는 것의
잔혹을 배경으로,

그 비참과 콘트라스트로,
바흐와 베토벤과 쇼팽의
음악이여
평화여
다행감의
밀물이여.

예술의 힘 2
── 폴란스키의 「피아니스트」에서, 변주

한 나치 장교를 감동시키고
피아니스트를 살린
음악.
증오의 폐허
잔학의 내장(內臟)
나쁜 믿음의 암흑 속에서,
씨앗도
흙도
물도
그 아무것도
없는
데서
피어난
꽃.
여차하면
지옥을 만드는
(만들겠다고 협박하는)
어떤 정치

어떤 집단

어떤 케르베로스*의

액운

속에서

피어난

꽃.

* 머리가 셋 달린, 지옥문을 지키는 개.

예술의 힘 3
── 폴란스키의 「피아니스트」에서, 두번째 변주

폴란드 유대인들이
억류되어 있는
바르샤바 한 광장
그 참담 사이로
한 소년이
새장을 들고,
물론 새는 없는
새장을 들고
이리저리 헤매고 있다
울면서
이리저리,
그런데
그러다가
음악이 있자
그 음악이 들리자
그 소년
겨드랑이에서
날개가 돋기 시작했다!

그리고
그 소년
스크린 바깥으로
날아 나와서
우리들 가슴속으로
들어왔다!

나쁜 운명

이 세상은
나쁜 사람들이 지배하게 되어 있다.
(그야 불문가지)
'좋은' 사람들은 '지배'하고 싶어 하지 않고
'지배'할 줄 모르며 그리하여
'지배'하지 않으니까.
따라서 '지배자'나 '지배 행위'가 있는 한 이 세상의 불행은 그치지 않을 것이다.

굉장한 일

무슨 굉장한 일을 하는 듯이 자동차 문을 열고
굉장한 일을 한다는 듯이 자동차 문을 닫고
굉장한 일을 한다는 듯이 트렁크 문을 열고
머리를 처박았다가 꺼내며
무슨 굉장한 일을 하는 듯이 트렁크 문을 닫고
요새 사람들의 중요한 일이 대개
그 비슷한 것일진대
정말이지 사람들이여
무슨 굉장한 일이 좀 있어야겠다.

수심가

수심이 깊다.
안개 속을 걸으며
인류가 저지르는
내가 해결할 수 없는
비극과 참상이
마음을 무겁게 한다.
이 여러 가지 이름의 광신(狂信)의 역사,
이 밑 빠진 탐욕의 싸움의 역사,
이 잔혹과 잔혹의 되풀이,
비참의 되풀이,
지루한 되풀이……
안개 속을 걸으며
수심이 깊다.

모든 건 꽃핀다

수선화가 활짝 피었다.
두 색 한 송이.
(괴로울 때 몽우리를 보았다)
괴로움이 혹은 꽃피듯이
꽃은 만개하였다.
너의 고통에도 불구하고
내가 꽃피었다면?
나의 괴로움에도 불구하고
네가 꽃피었다면?
아, 자연의 길은 그렇다.
바라건대 우리가 바라는 바이다.
모든 건 꽃핀다.
바보도 꽃피고
괴로움도 꽃핀다.
이나 닦아야겠다.

향기의 외로움

방 안에서 무슨
향내가 나는 듯도 하여
둘러보다가
며칠 전에 핀 다섯 송이
흰 난(蘭) 가까이 코를 가져간다.
거기서 나는 것이었는데
모르고 있었으니……

향기는 외로운 것이다.
모든 향기는 외로운 것이다.
아무도 모르게 풍기고 있다가,
소리 없고 자취 없어
지극하여
화심(花心)도 세계도 웅숭깊다가
알려지니, 더 외롭다— 모든
남모르는 향기여
꽃이든 마음이든
향기의 외로움이여.

간단한 부탁

지구의 한쪽에서
그에 대한 어떤 수식어도 즉시 미사일로 파괴되고
그 어떤 형용사도 즉시 피투성이가 되며
그 어떤 동사도 즉시 참혹하게 정지하는
전쟁을 하고 있을 때,

저녁 먹고
빈들빈들
남녀 두 사람이
동네 상가 꽃집 진열장을
들여다보고 있는
풍경의 감동이여!

전쟁을 계획하고
비극을 연출하는 사람들이여
저 사람들의 빈들거리는 산보를
방해하지 말아다오.

저 저녁 산보가
내일도 모레도
계속되도록
내버려둬다오.
꽃집의 유리창을 깨지 말아다오.

충족되지 않은 상태의 즐거움

무슨 욕망이든
충족되지 않은 상태는 즐길 만하다.
그 상태는
충족에서 얻을 수 있는 것과 비교할 수 없는
또 불만에서 얻을 수 있는 것과 비교할 수 없는
이상하게 술렁거리고
항상 시작하고 있는 것 같고
시간이 무슨 싹과도 같이 느껴지는
그런 상태의 소용돌이 속에 있게 한다.

충족되지 않은 상태의 즐거움이여.

형광등으로 태양을 비추다

1

밤이 깊어지는 시간에
큰 산 계곡에서는
더군다나 그 물소리 속에서는
방 안의 형광등이 태양과 같다.
그렇다면
나는 이제 그 형광등으로
길을 비추고 발길을 비추고
심지어 태양을 비추려고 한다.

2

그날 역경원(譯經院)으로 가는 길은 위험했다.
경(經)은 위태로웠고
번역은 위험했다.
점심시간이었으므로
거기서 밥을 먹었는데
밥이 법이었고
법이 밥이었다.

(지독하게 매운 고추를 씹고
아무 깨달음에도 이르지 못했다)

    계곡 물소리가 어디
    남의 생각을 이끌려고 하던가.
    물도 흘러가고
    생각도 흘러간다.
    막지 않는다.
    (잘 알면 그렇다)

지식은 차선이다
자랑하기 때문이다.
지혜가 최선이다
슬퍼하기 때문이며
과장 없이 웃기 때문이다.

   3
저녁이 되었으므로

또 밥을 먹고
술 한잔하고
스물세 살에 결혼했다는
식당 여주인이
TV 연속극 속으로 승천하고 있을 때
칠흑 속으로 나섰다.
(늘) 어둠 속이었으므로
걸음이 서툴렀다.

  4
그러나 태양을 밝히고
길을 밝히고 발길을
비춘 건 큰 산과 맑은 공기와
마음 -무한 마음 -대공(大空) 하는
적요(寂寥)이었다.
적요한테는
닿지 않는 데가 없었고
보이지 않는 게 없었으며

들리지 않는 게 없었다.

5

잠을 자려고 누웠다.
산짐승들이 내려와서
집을 둘러쌌다.
이번에는 짐승들 눈의 형광이 꿈길을 비추었다.
깊고 광활했다.

어떤 문답

오늘 일들은 다 잘됐는지.
또 하루가 지났지.
하루가 지나가는 게 제일 좋은 거야.

어조

1

어떤 어조는
희망이고 기쁨이고
어떤 어조는 절망이다.
말의 내용보다 중요한
어조여

2

우쭐거리는 어떤
시인들도
그 어조를 보면 금방
진짠지 가짠지 알 수 있느니.

아침

잠에서 깨듯이
절망이 두엄이 되는 기미.
전부 흑점이 되어버린 태양을
캄캄한 발길들이
월드컵으로 굴리는 이 세상에서도
가슴 어디에선가
동녘인 듯 가슴 저
한없고 깊은 데서
아침이 수런거리는 소리.
슬픔이
(살아나려고
저도 모르게 살아나려고)
새벽노을 번지는 기미.

기운

내가 기운 없어 보일 때는
기운이 없어서 그러는 게 아니라
기운을 내지 않는 거라고
나는 옆에 있는 사람한테 말했다.
(아닌 게 아니라 그는
낼 필요가 있을 때는
무슨 기운이든 기운을 냈다)
듣는 사람은 의아해했으나
정령들은 고개를 끄덕였고
호랑이들도 만족스러워했다.

여기가 거기 아닌가!
—신림(神林) 민박집에서

골짜기가 깊어 청량(清凉)한
저녁 시간
옥수수술을 따라놓고 평상에
갈데없이 앉아 있는
저녁 어스름.
그 집 개 백호(白虎)는
젊은 주인아들 내외가 돌아왔다고
마당을 이리 뛰고 저리 뛰며
숨 가쁘도록 질주하고
주인아주머니는 고추를 따다가 씻어서
들고 오고
배가 보름달인 젊은 며느리는
담근 된장을 퍼오고
닭은 잡아놓은 모양이고
〔무슨 문자(文字)가 필요하랴〕
모든 움직임이 아름다우니
(즉 없는 게 없으니)
여기가 거기 아닌가!

시간에 대하여

나폴레옹과 조세핀 전시회에 가서
조세핀이 신었던 스타킹을 보았지.
뱀이 허물 벗어놓은 것 같더군.
섹시했겠네.
스타킹이 그런 게 아니라
시간이 섹시하게 느껴지더군.
시간이 그렇게 에로틱한 건지는 처음 알았어.
〔모든 무상(無常)한 게 그러하거니와!〕

|해설|

어스름의 시학

우 찬 제

1. 방법적 어스름과 더불어

시인 정현종은 '눈'사람이다. 겨울철 포근히 눈 내린 날 유난히 영혼이 맑은 아이가 만든 눈사람처럼 보는 이들을 흐뭇하게 하고 찬탄케 하는 그런 눈사람이기도 하지만, 그 누구보다도 형형한 두 눈으로 빛나는 눈사람이다. 뿐더러 온몸이 특별한 감각의 눈들로 이루어져 있는 것만 같은 그런 눈사람이다. 귀로 듣는 것도 눈사람에게는 보이고, 코로 맡아지는 냄새도 눈사람에게는 역시 보인다. 손발의 촉각 역시 눈사람에게는 보인다. 모든 감각들을 망라한 관음의 눈사람이다. 일찍이 "바라보는 일은 그것 자체로서 완전한 행동이다. 그리고 마음의 평정 속에서 바라보는 일은 가장 아름다운 일 중의 하나이다"(「재떨이, 대지의 이미지」, 『날아라 버스야』, 백년글사랑, 2003, p. 18)라고 말한 바 있던, 이 눈사람 시인이 보이는 관음의 경지는 무엇보다 그가 특별한 시적 감각으로 온 삶을 밀고 왔다는 것을 상기하게 한다. 팽팽한 실존적 긴장을 견지하면서도 그것이 어디까지나 시적 긴장으로 승화되기를 소망했던 초기의 시적 방법론을 그는 줄곧 갱신하면서 끊임없이 새로운 시적 우주로 우리를 초대해왔다. 일찍이 김현이 "능청과 말의 침묵에 대한 고뇌"(김현, 「바람의 현상학」, 김병익·김현 엮음, 『정현종』, 은애, 1979, p. 35)를 의미화한 바 있거니와, 정현종은 '고통의 축제'에서 우주적 환대와 황홀경에 이르는 시인이 볼 수 있는 마지막 자리까지 고즈넉하게 응시하면서 그만의 독특한 '인공자연'의 리듬을 우리에게 선사해왔다. 뮤즈가 시기하지 않을 정도의 아슬아슬한 경지에서 우주적 선율을 빚어내면서 특별한 신명 잔치를 열어, 시인이 독자를 환대하는 특별한 방식을 창안할 수 있었던 드문 시인이 바로 정현종이다.

그가 세상의 독자들을 환대할 수 있었던 것은 무엇보다 세상과 사람살이를 대하는 허허로운 마음 바탕에서 비롯된 것이 아닐까 싶다. 2001년 제1회 미당문학상을 수상한 표제작을 비롯한 일련의 시편으로 2000년대 초반 한국 시 독자들을 행복하게 했던 시집 『견딜 수 없네』를 10년 만에 다시 만나게 된 것은 우리 모두의 행복이다. 1990년대에 시인은 『세상의 나무들』(문학과지성사, 1995), 『갈증이며 샘물인』(문학과지성사, 1999) 등을 통해, 부박하기 이를 데 없는 현실과 문화를 견디며 어떻게 우주적 황홀경의 감각에 이를 수 있는지, 자연의 노래를 통해 인간 삶과 의식이 어떻게 거듭날 수 있는지, 독자와 더불어 탐문했다. 그러다가 이른바 밀레니엄 시기를 거치면서 시인은 지속되었던 공간 감각에 시간 감각을 실어 새로운 방식으로 삶의 구경(究竟)을 성찰한다. 밤에서 새벽으로 바뀌는, 그러니까 "새벽 노을 번지는 기미"(「아침」)가 느껴지는 시간이거나, 낮에서 밤으로 저무는 시간, 그 '어스름'의 시간대에 시인은 관음의 눈을 허허롭게 부려놓는다. 어스름의 시간은 정적인 것과 동적인 것이 얽히고설킨 역설의 시간이다. 역설의 감각 없이는 제대로 볼 수 없는 순간의 시간이기도 하다. 게으른 눈으로는 그냥 지나치기 쉬운 허망한 시간이다. 이 어스름의 시간을 응시하는 시인의 눈은 매우 도저하다.

가령 시인이 "저녁 어스름 때/하루가 끝나가는 저/시간의 움직임의/광휘,/없는 게 없어서/쓸쓸함도 씨앗들도/따로따로 한 우주인,/(광휘 중의 광휘인)/그 움직임에/시가 끼어들 수 있을까"(「광휘의 속삭임」, 『광휘의 속삭임』, 문학과지성사, 2008)라고 노래할 때, 우리는 금세 어스름을 바라보는 시인의 눈매에 매료되고, 어스름에 끼어들어 어스름의 리듬을 제대로 살려내는 시인의 감각에 "끼어들"지 않을 수 없게 된다. "어스름 때"의 "시간의 움직임의/광휘"에 자연스럽게 끼어드는 시적 광휘를 찬탄하지 않을 수 없게 된다. 여기서 시적으로 끼어든다는 것은 곧 어스름이라는 순간의 역동성의 깊이를 심화하고 풍경을 확산한다는 것과 한가지다. 그래서 시인은 "어스름 때는 나의 명함이다"는 은유를 자연스럽게 길어 올린다. "얼굴들 지워지고/모습들 저녁 하늘에 수묵 번지고/이것들 저것 속에 슬기 없이 녹아/사람 미치게 하는/저 어스름 때야말로 항상/나의 명함이리!"(「나의 명함」). 명함이란 무엇인가. 존재 증명을 위한 개인의 증표가 아니겠는가. 어스름이 곧 시인의 존재 증명을 위한 핵심 기제라는 시인의 진술은 결코 그냥 흘리고 넘어갈 일이 아니다.

그랬다. 정현종은 산문 「박명의 시학」에서 "낮과 밤이 서로 스며들고 있는 시공" 혹은 "낮과 밤이 화학 변화를 일으키고 있는 시공"(『날아라 버스야』, p. 196)인 '박명'의 "푸른빛"을 응시하면서 이렇게 적은 바 있다. "서로 다른 두 사물이 만나는 접점은 우리 마음을 설레게 한다. 하늘과 땅이 만나는 지평선, 하늘과 바다가 만나는 수평선은 우리의 가슴에 불을 지르는 엄청난 물건들이다. 바다와 땅이 만나는 해변, 물과 공기가 만나는 파도 같은 것들도 그렇다. 그것들은 우리의 그리움의 표상이며 낭만적 상징물들이다. 하늘과 땅, 하늘과 바다가 만나는 수평선의 팽팽하고 하염없는 긴장은 우리의 꿈과 열망의 표상이다. 지평을 연다는 말은 그러므로 아주 좋은 말이다"(「박명의 시학」, 『날아라 버스야』, p. 197). 어스름 때의 박명(薄明)은 시간적으로 박명(薄命)이기 쉽다. 아주 짧은 순간만 역동적으로 푸른빛의 움직임을 보이다가 밝음이나 혹은 어둠으로 몸을 맡긴다. 그러나 그 박명인 어스름 때의 리듬에 시인의 시적 리듬이 끼어들 때 박명(薄命)한 박명(薄明)은 비루한 운명을 넘어서 푸른 상징으로 역설적 박명(博明)의 새로운 지평을 열 수 있게 된다. 어스름 때에 시가 끼어든다는 것은 그런 상징 생산의 푸른 지평에 시인이 깊게 동참한다는 의미다. 그러기에 적어도 정현종에게 있어서 어스름은 세계 성찰을 위한 '상징적 어스름'이면서 동시에 시적 승화를 위한 '방법적 어스름'이라고 불러도 좋을 것이다.

이를 위해서는 무엇보다 어스름의 '기미'와 교감하는 느린 듯 '기민'한 시인의 눈길이 선행되어야 한다. 더 정확하게는 어스름의 풍경을 또는 그와 비슷한 대상들을 어루만지듯 응시하는 대화적 눈길이어야 시의 길을 열 수 있다. 「나방이 풍경을 완성한다」나 「동물의 움직임을 기리는 노래」 같은 시편들에서도 확인할 수 있듯이 세계의 풍경을 혁신하는 동적인 움직임에 대한 시인의 기민한 탐색은 공감하는 대화적 눈길에 바탕을 둔다. 이미 그 표제에서부터 시인의 주제 의식을 여실히 확인할 수 있는 「나방이 풍경을 완성한다」에서 시인은 넓은 창 바깥을 바라본다. 비 내리는 어스름 때의 창밖이다. 먹구름이 낀 가운데 비가 내리고 바람이 분다. 그런 풍경 위로 "나방 한 마리가 휙 지나간다". 수직적인 비의 움직임과 수평적인 나방의 움직임이 스미고 짜이면서 하나의 풍경이 완성되었음을 시인은 이내 직관한다. 그리고 그 풍경에 시인은 찬탄해 마지않는다. "나방이 풍경을 완성한다!" 그럴 수 있었던 것은 나방의 움직임의 깊은 속성을 간파할 수 있는 시인의 눈의 깊이가 있었기 때문이다. 시인은 말했다. "네 눈의 깊이는 네가 바라보는 것들의 깊이이다"(「네 눈의 깊이는」). 우리는 고쳐 말할 수 있겠다. '네가 바라본 것들의 깊이는 네 눈의 깊이다.'

저녁 무렵 '어스름 때'(「나의 명함」)는 태양이 자기를 벗어날 때다. "자기를 벗어날 때처럼/사람이 아름다운 때는 없다"(「사람은 언제 아름다운가」)면 태양이 자기를 벗어날 때인 "어스름 때" 역시 태양이 가장 아름다울 때일 것이다. 그 어스름 때, 그 순간을 응시하고 교감하는 시인의 가슴의 눈이 참으로 웅숭깊다. 대상과 주체 사이의 교감을 통해 대상도 주체도 서로 스미고 짜이며 서로 깊어지는 놀라운 체험은 정현종 시력 50년의 내공을 알게 한다. 방법적 어스름이 정현종 시학의 심층이 될 수 있다는 심미적 단서를 우리는 「새로운 시간의 시작」에서도 거듭 발견한다.

> 눈이 내리기 시작하는 순간을 보아라
> 하나둘 내리기 시작할 때
> 공간은 새로이 움직이기 시작한다.
> 늘 똑같던 공간이
> 다른 움직임으로 붐비기 시작하면서
> 이색적인 선(線)들과 색깔을 그으면서, 마침내
> 아직까지 없었던 시간
> 새로운 시간의 시작을 열고 있다!
>
> 그래 나는 찬탄하느니
> 저 바깥의 움직임 없이 어떻게
> 그걸 바라보는 일 없이 어떻게

새로운 시간의 시작이 있겠느냐.
그렇다면 바라건대 나는 마음먹은 대로
모오든 그런 바깥이 되어 있으리니……
—「새로운 시간의 시작」 전문

여기서 "늘 똑같던 공간이/새로운 움직임으로 붐비기 시작"하는 "순간"과 마주한 시인의 눈길은 참으로 어지간하다. '밖'의 새로운 움직임을 통해 '안'을 충격하고, '안'의 움직임을 통해 '밖'의 풍경을 새롭게 실감한다. 이 밖과 안의 변증법을 통해 풍경과 마음은 새로운 지평을 열게 된다. 무릇 "새로운 시간의 시작"은 그렇게 열리는 법이다. 마찬가지로 정현종의 새로운 시도 그렇게 열린다. 안과 밖의 역동적 교감은 사물의 시원(始原)을 가늠케 할 뿐만 아니라, 정현종 시의 시원(詩源)을 짐작게 한다. 그 시원과 하염없이 교감하는 시인은 가이아의 숨결을 신명 나는 시의 리듬으로 풀무질하는 느낌의 영매자(靈媒者)다. 그런 면에서 정현종은 어스름의 모든 존재자들의 숨결과 함께 교감하며 찬탄해 마지않는 '더불어 시인'이며 '찬탄하는 시성'이다.

2. 시원(始原/詩源)에의 의지와 하염없는 교감

"새벽노을 번지는 기미"(「아침」)는 어디서 오는가. "여명의 자궁" 그 어스름 빛의 광원(光源)으로부터 온다고 정현종의 눈은 본다. 광원에 대한 정현종의 사랑은 매우 도저하다. "사랑에 대한 기다림은 '유일한 한 사람'이 나타나서 사랑이 싹트는 순간, '지금이 아니면 결코 오지 않을' 최고의 순간에 초점이 맞춰져 있다"(스티븐 컨Stephen Kern, 『사랑의 문화사』, 임재서 옮김, 말글빛냄, 2006, p. 5)고 말한 이의 말법을 빌리자면, "시에 대한 정현종의 기다림은, '유일한 시의 빛/시의 꽃망울'이 나타나서 시상이 싹트는 순간, '지금이 아니면 결코 오지 않을' 최고의 순간에 초점이 맞춰져 있다". 어스름 무렵 시를 기다리는 정현종의 눈길이 꼭 그러하다. 가령 「빛―꽃망울」을 보면 그렇지 않은가. 시인은 "여명의 자궁"을 "내 사랑" "당신"으로 호명하며, 그 당신과 최고의 순간을 나누고 싶어 한다. 꽃망울은 아직 꽃이 아니다. 꽃으로 개화되기 직전, 부풀어 터지기 직전의 역동적 에너지로 빛나는 화원(花源)이 꽃망울이다. 마찬가지로 "여명의 자궁"은 아직 태양이 아니다. 그럼에도 "터질 듯한 빛"이고 "더없는 광원(光源)"이다. 하여 "당신을 통과하여/나는 참되다, 내 사랑"이라는 문장의 생성을 가능케 한다. "당신을 통과하면/모든 게 살아나고/춤추고/환하고/웃는다"고 느끼기 때문이다. "더없는 광원(光源)이/빛을 증식"할 때 "모든 공간은 꽃핀다!"라는 시적 추론 또한 매우 자연스럽다. 이렇듯 "여명의 자궁"은 무한 에너지를 지닌 무한 우주다. 그것을 직관할 수 있는 시인은 새로 태어날 수 있다.

> 당신을 통해서
> 모든 게 새로 태어난다, 내 사랑.
> 새롭지 않은 게 있느냐

여명의 자궁이여.
그 빛 속에서는
꿈도 심장도 모두 꽃망울
팽창하는 우주이니
당신을 통과하여
나는 참되다, 내 사랑.

—「빛—꽃망울」부분

   그러니까 "여명의 자궁"은 "더없는 광원(光源)"이기에 모든 존재의 시원(始原)이면서 시인의 시원(詩源)이 된다. 이 시원에의 의지는 "여명의 자궁"과 하염없이 교감하며 생겨난다. 또 시원에의 의지를 통해 이 하염없는 교감은 깊어간다. 정현종 시의 밑자리를 알게 하는 대목이며, 정현종 시학의 심층구조를 짐작하게 하는 장면이다. 모든 순간을 "꽃봉오리"로 개화시키는 영험한 눈길을 지닌 시인은 언제 어디서나 순간을 영원으로 승화하는 현묘한 서정시인의 벼리를 알게 한다. 그러기 위해서 시인은 "여명의 자궁"을 깊이 있게 통과하려 한다. 칠흑 어둠을 응시하는 시인의 눈길이 결코 예사롭지 않다. '어둠을 기리는 노래'라는 부제가 붙은 「싹트는 빛에 싸여」를 보자. 1연에서 우리는 기본 시적 상황에 끼어들게 된다. "홍천 수하리 응봉산 두 봉우리 사이로/상현달이 떠오른다"며 시를 열고 있다. 두루 아는 것처럼 도시의 밤은 칠흑 어둠일 수 없다. 오염된 공기와 온갖 네온사인 불빛으로 인해 어둠도 어둠일 수 없으며, 그렇기에 달빛이나 별빛도 제 빛을 내기 어렵다. 그러나 시인이 처한 홍천 수하리 응봉산 골짜기는 다르다.

> 산속에서
> 맑은 공기 속에서
> 칠흑 어둠 속에서
> 떠오르는 달을
> 내 두 눈은 본다.
> 본다는 건 이런 것이다!
> 더 놀라운 거,
> 달은 온몸이 눈이다!
>
> ―「싹트는 빛에 싸여」 부분

어둠 속에서 본 달빛은 놀랍도록 밝은 빛이다. 이 부분을 우리는 세 문장으로 나누어 이해할 수 있다: i) (칠흑 어둠 속에서 떠오르는 달을) 내 두 눈은 본다; ii) 본다는 건 이런 것이다!; iii) 달은 온몸이 눈이다! 통상 시인은 시각적으로 본 것의 이미지를 언어로 육화하여 보여주기 마련인데, 정현종은 i)에서 '본다'는 시각동사를 전경화했다. 과연 '눈사람-시인'답지 않은가. '본다'는 시각 행위 자체를 중시하는 시인의 의지적 창작론에 값한다. 깊은 투시안으로 수행한 '본다'는 행위의 심층에서 '본다'의 어떤 본질에 대한 발견으로 이어진다. 그 결과 ii)의 문장이 형성된다. 이를 두고 성급한 일반화라고 말해선 안 된다. 시적 특권이고 시적 승화의 일환이다. 더 놀라운 것은 iii)이다. '내 두 눈'에서 촉발된 시선의 깊이는 '달의 온몸 눈'의 응시와 대화할 수 있게 된 것이다. 나의 눈을 응시하는 달의 눈의 발견으로 인해 나의 눈이 더 깊어질 수 있음은 물론이다. 그런데 나의 눈과 달의 눈 사이의 대화적 교감과 소통은 빛의 대화에서 그치지 않는다. 아니 오히려 어둠을 성찰하는 기제로 작동한다. 이어지는 2연은 빛을 싹 틔우는 어둠에 대한 의미 있는 성찰의 기록이다. "달이 잘 익으려면/(즉 제 빛을 내려면)/칠흑 어둠이 필요하다"라고 시인이 적었을 때, 어둠은 배경의 자리를 박차고 일어나 새롭게 꿈꿀 수 있다.

> 칠흑 어둠은 만물의 모태,
> 그 속에서 곡식은 살찌고
> 영혼은 싹트는 빛에 싸이며
> 동식물, 광물들
> 그 알 수 없는 깊이 속에서
> 일제히 꿈을 꾼다.
>
> ―「싹트는 빛에 싸여」 부분

결국 시적 성찰은 "어둠은 만물의 모태"로 이어진다. 모든 사물들을 꿈꾸게 하는 모태다. 만약 시인이 빛과 어둠을 이항대립의 세계관으로 파악했더라면 도저히 이를 수 없는 역설적 인식이다. 시인은 빛 속에서 어둠을 보고, 어둠 속에서 다시 빛을 보았다. 이항대립의 세계를 넘어서 대립변전하고 융합하면서 서로 길항하는 태극 음양의 조화를 직관했다. 시인에게 조화와 불화는 다른 것이면서 동시에 닮은 것이다. 빛과 어둠도 그렇다. 시인이 "「도덕」이라는 말이 없는 세상에서의/도덕을 그리"위한다거나 "흐트러짐이/흐트러지지 않음의 극치로서 꽃피어"(「흐트러지다」)나는 경지를 동경하는 것도 그런 이유에서다. 앞에서 본 문장 i) ii) iii)이 논리적 비약이 아니라 시적 통찰로 보이는 것도 이런 맥락에서 말미암은 것이다.

내 눈과 달의 눈 사이의 하염없는 교감을 청각적으로 수행한 시가 「경청」이다. "내 안팎의 소리를 경청할 줄 알면?/세상이 조금은 좋아질 듯"하다고 했다. 경청의 상호 수행을 통한다면 "세계는 행여나/한 송이 꽃 필 듯"하다고 했다. '보다'의 상호 수행, '듣다'의 상호 수행은 시인의 시적 발상법이 촉발되는 순간의 노력이면서 동시에 관음의 경지로 다가설 수 있는 윤리적 방법이 될 수 있다. 그러고 보면 사람살이의 행복 또한 결코 먼 곳에 있는 게 아니다.

> 행복감은 늘 기습적으로
> 밑도 끝도 없이 와서
> 그 순간은
> 우주를 온통 한 깃털로 피어나게 하면서
> 그 순간은
> 시간의 궁핍을 치유하는 것이다.

시간의 기나긴 고통을

잡다한 욕망이 낳은 괴로움들을

완화하는 건 어떤 순간인데

그 순간 속에는 요컨대 시간이 없다.

—「행복」 부분

  사람살이의 시간은 대체로 궁핍, 고통, 혹은 "잡다한 욕망이 낳은 괴로움들"로 점철되기 일쑤다. 그 시간들에서 벗어나는 무시간의 순간에 행복이 찾아온다는 생각은 단순한 듯 보이지만, 실상 그렇지 않다. 괴로운 현실 시간 안에서 그것을 넘어서 초극의 순간을 상상하고 응시하는 것은 결코 쉬운 일이 아닐 터이기 때문이다. 시인에게 있어서 이 순간을 응시하는 것은 바로 시원(詩源)에 접근하는 한 방편이 된다. 그러나 그 일은 쉽지 않다. '난경'에 가깝다. "모든 문학 작품은 실은/난경의 소산일 것이다./인생이든 작품이든 무슨 일이든/모든 시작과 중간과 끝은/난경 아닌 게 없기 때문이다./그게 모두 힘들기 때문이다"(「난경」). 그럼에도 시인은 시원(詩源)을 향한 관음의 의지와 하염없는 교감에 집중한다. 일생을 시로 살아온 시인의 온 생애가 그의 온몸을 그런 의지와 교감의 육화된 형태로 자연화했기 때문이다. 시「풀잎은」이 주목되는 것도 그런 맥락에서다.

바람결 따라

풀잎은 공중에 글을 쓰지 않느냐.

어디로 가겠는가.

나는 손과 펜과 몸 전부로

항상 거기 귀의한다.

거기서 나는 왔고

거기서 살았으며

그리로 갈 것이니……

—「풀잎은」 전문

3. 시간 거울과 가이아 숨결

"바람결 따라" "공중에 글을 쓰"는 "풀잎"의 리듬을 직관할 수 있는 정현종은 허허로운 바람의 멜로디를 관음하며 공간성을 탐색하는 데 오랜 장기를 보였다. 그런데 밀레니엄 시기에 출간된 이 시집에서는 시간성에 대한 시인의 성찰 또한 의미심장하게 중첩된다. "생명의 온갖 기미"(「일상의 빛」, 『갈증이며 샘물인』)들이 시간의 흐름에 따라 어떻게 변전하는지를 심층적으로 바라본 결과가 아닐까 싶다. 이 시집이 출간되고 얼마 후 원재훈 시인과 만난 자리에서 정현종은 이렇게 말했다. "늙음에 대한 고전들. 키케로의 『노년에 대해서』, 세네카의 『인생은 왜 짧은가』와 같은 책들을 흥미롭게 읽고 있어요." 생과 관련한 다른 주제도 그러하겠지만 특히 노년에 대해서 혹은 늙음에 대해서라면 쉽게 말할 수 있는 것이 아니다. 다만 성찰하고 또 성찰하면서 이른 도정의 진실만을 담을 수 있을 따름이다. 시간성에 대한 정현종의 탐문은 외적으로는 밀레니엄 시기를 통과하면서 시간에 대한 성찰의 계기가 잦았다는 점, 내적으로는 서서히 노년에 접어드는 시기의 흔들리는 생에 대한 성찰 의지가 깊어졌다는 점 등 여러 측면에서 찾아볼 수 있겠다. 어쨌거나 노년의 시간성을 탐구하는 정현종의 어조는 매우 독특하다. 견딜 수 없을 정도로 아쉽고 적막한 심사를 탐사하면서도 결코 감상적인 어조에 빠지지 않는다. 대신 "눈의 깊이"와 "바라보는 것들의 깊이" 사이에서 벌이는 하염없는 관음—놀이로 신명을 지핀다. 적막한 애수와 동심의 유머가 회통하고, 생의 깊이 있는 희비극이 교차하면서, 삶의 심연과 우주적 진실에 다가서는 유쾌한 기지를 보인다. 삶의 무거움과 가벼움은 서로를 위무하고 상호 회통하며 무거운 것을 가볍게 가벼운 것을 무겁게 받아들이고 변전하는 경지가 어떤 것인지를 궁리하게 한다. 시간의 안과 밖에 대한 심층적 성찰 덕분이다. 가령 7행으로 된 짧은 시 「끝날 때는」을 보자.

> 모든 일은
> 시작되고 끝난다.
> 시작할 때는
> 시간의 안쪽에 있는 것 같고
> 끝날 때는
> 시간의 바깥이다.
> 적막하다.
>
> ―「끝날 때는」 전문

군더더기라고는 전혀 찾아볼 수 없는 담백한 시다. 일의 시작과 끝이, 시간의 안쪽과 바깥과 맞물리면서, 대조의 거울상을 형성한다. 그 거울 사이에 엄청난 심연이 존재한다. 그러니 적막할 수밖에 없다. 이 "적막하다"라는 4음절은 단순한 표현으로 엄청난 수사학적 효과를 길어낸다. 언어 경제의 극한까지 이른 것 같다. 여기서 "적막하다"는 표현은 시간의 바깥에 처한 주체의 적막한 내면이기도 하지만, 시간의 바깥 풍경의 적막함이기도 하고, 혹은 시간의 안쪽과 바깥 사이에 드리운 아득한 생의 골짜기의 적막함이기도 하며, 더 나아가 시간의 안쪽과 바깥 모두의 적막함이기도 하고, 그러니까 생 전체, 우주 전체의 적막함이기도 하다. 이 우주적 적막함을 바라보게 하는 기제가 바로 시간 거울이다. 그 거울로 비추어 볼 때 "흐르고 변하는 것들"은 참으로 견딜 수 없는 어떤 것으로 감지된다. 시간의 바깥, 그 심연으로 내려가보지 않고는 도저히 붙잡을 수 없는 감응이다. 표제작 「견딜 수 없네」가 눈길을 끄는 것도 이런 이유에서다. 그 거울에 시간이 흐른다. 시간과 더불어 사람살이의 흔적들이 흐른다. 그 어떤 정지된 장면으로 흔적의 정체성을 구명하기 어렵다. 존재의 정체성도 아득하기만 하다. 거울의 풍경 안에 "있다가 없는 것/보이다 안 보이는 것" 그 "변화와 아픔"들을 쉽사리 감당하기 곤란하다. 그래서 시적 주체는 견딜 수 없음을 고즈넉하게 되뇐다.

시간을 견딜 수 없네.
시간의 모든 흔적들
그림자들
견딜 수 없네.
모든 흔적은 상흔(傷痕)이니
흐르고 변하는 것들이여
아프고 아픈 것들이여.

—「견딜 수 없네」 부분

　예전에 시인은 한 산문에서 "살아 있다는 것은 상처 입을 수 있다는 것이며 상처는 살아 있는 자만이 누릴 수 있는 일종의 생명 현상"(「젊은 날의 사랑 연습」, 『관심과 시각』, 중원사, 1983, p. 101)이라고 적은 바 있다. 「견딜 수 없네」에서 "모든 흔적은 상흔(傷痕)"이라고 했을 때, 생명 현상의 심연에 자리 잡은 깊은 허무를 느낀다. 「밑도 끝도 없이 시간은」에서도 "시간은 슬픔이다"라며 시간에 대한 깊은 인식을 보인다. "무량(無量) 슬픔은/욕망과 더불어 [……] 시간이여, 욕망의 피륙이여/무슨 거짓말도 변신술도/필경 고통의 누더기이니"라고 했다. 여기서 "고통의 누더기"는 곧 「견딜 수 없네」의 시적 대상인 "상흔"과 등가다. "무량(無量) 슬픔"과 정직하게 맞서고 하염없이 교감하되, 거기에 속절없이 젖어들지 않는다. "무량(無量) 슬픔"의 "상흔"이나 "고통의 누더기"를 노래하면서도, 정현종의 어조가 결코 눅진하지 않은 것은 일찍부터 "시간의 바람결"을, 그 리듬을, 온몸으로 감당할 수 있는 시인의 숨결이 있었기 때문이다. 그런 숨결이 심미적 의지를 자연스럽게 생성하고, 시적 위의(威儀)를 향한 소망을 간직하게 한다. "다만 미의지(美意志)가 어떤 무너진/신전(神殿)에 위엄이 어리게 했듯이/욕망의 폐허여 애틋한 거기/내 노래는 허공을 받치는 기둥들을 세워/한 줌의 위엄이라도 감돌게 하였으면……"(「내 마음의 폐허」). 결국 정현종은 시간의 바람결에 따라 "무량 슬픔"에 빠지기 쉽고 "욕망의 폐허"에서 헤어나기 어려운 인간 삶의 "허공을 받치는 기둥들을 세"울 수 있는 노래로서 자신의 시 창작 작업을 의미화하고 있는 것이다. 그렇다면 그 "허공을 받치는 기둥들"은 어떻게 세울 수 있을 것인가. 무엇보다 허공에 대한 깊은 인식에서 출발해야 한다. 자연과 세상의 깊은 허공, 마음의 깊은 허공에 대한 시적 직관이 허공의 기둥을 세울 수 있는 시적 언어를 탄생케 한다. 「낙엽」에서 그 시적 실천의 구체적 형상을 가늠해볼 수 있다.

낙엽은
발바닥으로 하여금
자기의 말을
경청하게 한다.
(은행잎이든 단풍잎이든)
낙엽은

스스로가

깊어지는 생각

깊어지는 느낌으로서

즉시

그 깊어지는 것들을

뿌리내리게 한다.

낙엽은 하나하나

깊은 생각의 뿌리

깊은 느낌의 뿌리이다.

그 뿌리에서 자라 다시

낙엽은 지고,

떨어진 잎들은

마음의 허공에

다시 떨어진다.

마음의 허공에서

한없이 깊어지는

땅.

―「낙엽」 전문

 낙엽은 영락없이 조락의 상관물이다. 낙엽이 지다, 나뭇잎이 떨어지다, 떨어진 낙엽들이 바람에 이리저리 흩날리다, 이런 정황들은 곧 상흔이고 허무고 폐허기 일쑤다. 그런데 시인은 "그 깊어지는 것들을 뿌리내리게" 하는 어떤 동력으로 파악한다.

"깊은 생각의 뿌리/깊은 느낌의 뿌리"에서 다시 잎이 자라고 다시 떨어지고 하는 자연 순환의 그윽한 경지를 인식할 수 있는 "마음의 허공"을 지니고 있기에 그 허공에 노래의 기둥을 세울 수 있는 것이다. 떨어지는 것과 다시 자라나는 것 사이의 상생의 지평, 이 생태학적 진실에 대한 시인의 믿음은 매우 오래된 것이고 매우 도저한 어떤 것이다. 모든 기운들이 서로 연결되어 있고, 상호작용을 통해 무한 변전할 수 있다는 것, 생명의 근원 작용에 대한 깊이 있는 천착이 시인으로 하여금 단순한 감상성으로부터 훌쩍 비껴나게 한다. 또한 생명은 가이아의 숨결, 그 생명의 리듬에 맞추어 서로 기대어 더불어 사는 어떤 실체다. "생명은 그래요/어디 기대지 않으면 살아갈 수 있나요?/공기에 기대고 서 있는 나무들 좀 보세요. 〔……〕 비스듬히 다른 비스듬히를 받치고 있는 이여"(「비스듬히」). '비스듬히' 서로 받치고 있는 생명 현상에 대한 인식은 1990년대 정현종의 시 작업의 의미심장한 결실 중의 하나다. 나무와 나무, 나무와 공기, 나무와 인간, 인간과 공기가 서로 비스듬히 기대며 살아가는 생명의 자연이야말로 정현종의 「시창작 교실」에서 중핵적인 오브제였던 것이다. 그렇다. 오로지 시인이 생명의 숲에 감각적으로 기대어 호흡하고 공통의 리듬으로 회귀할 수 있을 때 "온 숲에 일기 시작하는 파동!"을 느낄 수 있고, 그 파동을 형상화할 수 있다. "그 일렁임 널리 퍼져 나간다./천지에 활동하는 기운을 퍼뜨리고/천지의 근육을 만들고/12월이 꽃피는 듯하다"(「동물의 움직임을 기리는 노래」). 그 파동, 천지간의 기운에 감응할 때

"12월이 꽃"핀다. 실내 화원에서 인공 조작하는 경우를 제외하면, 북반구에서 12월을 꽃피울 수 있는 것은 오로지 시적 상상력의 은총을 통과할 때나 가능한 것이다. 그런 면에서 12월이 꽃핀다는 정현종의 메타포는 참으로 웅숭깊다. 정현종다운 절정의 시혼이 아니고서는 이를 수 없는 경지가 아닐까 싶다. 그런 시인에게 봄에 피는 진달래, 벚꽃의 부력(浮力)을 느끼는 것은 비교적 쉬운 일에 속한다.

> 진달래, 벚꽃 핀 하늘에
> 새가 선회하며 난다.
> 꽃 때문인 듯 저 비상(飛翔)은,
> 꽃들의 부력(浮力)으로 떠서
> 벗어날 길이 없는 듯.
> 미풍이나 거기 들어 있는 온기도
> 꽃에서 시작되는 것이었다!
>
> ―「꽃들의 부력으로」 전문

여기서 꽃의 이미지는 그야말로 가이아의 촉매제 같은 것이다. 일찍이 "모든 순간이 다아 꽃봉오리인 것을"(「모든 순간이 꽃봉오리인 것을」, 『사랑할 시간이 많지 않다』, 세계사, 2005)이라고 찬탄했던 정현종이다. 또 "바보도 꽃피고/괴로움도 꽃핀다"며 "모든 건 꽃핀다"(「모든 건 꽃핀다」)고 했다. 그게 "자연의 길"이라고 했다. 그러기에 그에게 꽃은 결코 평면적이고 정태적인 미적 대상일 수 없다. 입체적이고 역동적이다. "꽃봉오리"는 생명의 역동적 과정을 통해 피어나거니와, 그러기에 꽃들은 새들의 비상을 가능케 하는 부력을 제공한다. 비상을 위한 "미풍"이나 "온기" 또한 꽃들에서 발원된 것임을 시인은 직관한다. 꽃이 아름다운 것은 그 때문이다. 이렇게 시인이 "가이아의 숨결"을 섬세하게 느끼는 순간은 곧 "전 생명 과정의 균형과 자생력을 기약하는 신비한 움직임의 한 현현"(「신은 자라고 있다」, 『날아라 버스야』, p. 106)을 체감하는 순간이기도 하다. 그 현현의 순간에 집중하면서 모든 생명적인 것의 아름다운 그물코로서의 꽃의 존재론을 형상화한 것은 오로지 정현종의 시적 공적에 속한다. 이러한 생태 시인이기에 세속에서 벌어지는 많은 일들에 대해 안타까운 생각을 때때로 드러내기도 한다. 가령 「아귀들」에서 시인은 "이 나라 산천 가는 데마다/식당이요 카페요 레스토랑뿐"인, 그래서 "아귀들은 몰려들어 아귀아귀 먹는" 현실을 크게 개탄한다. "이 나라 이 국민은 어쩌다 이렇게 되었는가"라는 시적 질문으로 그는 장소의 생태학을 형상화한다. 또 「시간의 게으름」에서는 시간의 생태학에 대한 비판적 인식도 겹쳐진다. "자동차를 부지런히 닦았으나/마음을 닦지는 않"는, "인터넷에 뻔질나게 들어갔지만/제 마음속에 들어가보지는 않"는 세태 속에서 "돈과 권력과 기계"에 시간을 다 바치는 현실을 개탄하면서, 시간의 이름으로 "당신은 어디 있습니까?"라고 묻는다. 그러면서 느린 삶의 실천, 느림의 미학, 그 자아 성찰의 여정에 동참하지 않겠느냐고 곡진하게 제안한다.

나, 시간은 원래 자연입니다.

내 생리를 너무 왜곡하지 말아주세요.

나는 천천히 꽃 피고 천천히

나무 자라고 오래오래 보석 됩니다.

나를 '소비'하지만 마시고

내 느린 솜씨에 찬탄도 좀 보내주세요.

——「시간의 게으름」 부분

4. 신명의 영매(靈媒), 더불어 찬탄하는 시인

자연의 생리를 서둘러 왜곡하지 않고 그 숨결과 천천히 교감할 때, 상상력으로 꽃을 피우고 언어로 나무를 자라게 할 수 있다. 정현종이 보기에 그런 "느린 솜씨"로 "무의식의 즙이 오른 언어"를 빚어내고 "노래의 자연을 막판 피워"낸 시인 중의 한 사람이 서정주였다. '미당 서정주 선생을 추모하며 그의 시를 기리는 노래'라는 부제를 붙인 「노래의 자연」은 부제 그대로 미당을 기리는 노래이자, 정현종이 추구하는 시 세계의 열망을 가늠케 하는 시이다. 모름지기 시인은 "신명을 풀무질"하는 "느낌의 영매(靈媒)"라는 것, "그 노래에서 태어난 사물의 목록/그 탄생의 미묘한 파동의 목록"을 통해 "노래의 일미행(一味行)"을 경험케 하는 존재라는 것, 그리하여 미당이 노래했던 것처럼 "그리운 사람을 그리워"할 수 있는 심연의 경지를 보여주는 영매자라는 인식을 보여준다. 일찍이 김현은 정현종을 두고 '에피

큐리언'이라 불렀거니와 그의 시력(詩歷)은 대체로 '신명의 영매자는 어떻게 시라는 꽃봉오리를 피울 수 있는가' 하는 가능성의 경지를 보여준 것이라고 해도 지나치지 않다.

그렇다고 해서 이 시인이 현실과 비껴난 자리에서 신명의 풀무질을 한 베짱이형 시인으로 오해해서는 곤란하다. 두루 아는 것처럼, 정현종은 '고통의 축제'의 시인이었음을 거듭 상기해야 한다. 그는 누구보다도 현실적 고통의 심연에서 "수심이 깊"던 시인이다. "인류가 저지르는/내가 해결할 수 없는/비극과 참상" 때문에 괴로워했고, 여러 "광신(狂信)의 역사,/이 밑 빠진 탐욕의 싸움의 역사,/이 잔혹과 잔혹의 되풀이,/비참의 되풀이"로 인하여 "수심이 깊"(「수심가」)었던 시인이다. 그러나 깊은 수심을 천착하되 거기에 매몰되지 않는 둥근 탄력을 지닌 시인이었다. 되풀이되는 수심 속에서도 "끝없는 열림"의 지평을 응시하며 "거기 내 마음 항상 합류하"며 "시적 들림"(「마음의 무한은」)의 지평을 모색해온 시인이었다. 그러기에 정현종만의 독창적인 '고통의 축제'를 열 수 있었다. 그것을 시인은 "자연의 길" 혹은 시라는 '인공자연의 길'의 측면에서 이해한다. 「모든 건 꽃핀다」에서 "너의 고통에도 불구하고/내가 꽃피었다면?/나의 괴로움에도 불구하고/네가 꽃피었다면?/아, 자연의 길은 그렇다"고 노래할 수 있었던 것은 그런 이유 때문이다. 자연의 길은 있으면서도 없고, 없으면서도 있는 현묘한 길이다. 그 길의 그림자를 따라 가노라면 때때로 "샘솟는 무(無)"(「일상의 빛」, 『갈증이며 샘물인』)와 마주하기도 한다. 있었다가 사라지는 것들의 "무한 공허"를 끌어안으면서 시인은 역설적인 신명의 풀무질을 수행한다.

정현종은 "만물과 더불어 시인"(「신은 자라고 있다」, 『날아라 버스야』, p. 106)을 유난히 강조한 바 있다. "좋은 시인의 생리"란 모름지기 그러한 모양새를 띤다는 것이다. 휘트먼을 일러 정현종이 "자기가 보는 모든 것에 감동, 찬탄하는 시성(詩聖)"(p. 106)이라고 지칭했는데, 오늘의 독자들이 시인 정현종을 두고 같은 호명을 한다고 해서 전혀 이상할 일이 아니다. 「감격」에서 그런 시인의 초상을 보게 된다.

> 재 속의 불씨와도 같이
> 나는 감격을 비장하고 있느니
> 길이여 시간이여 살림살이여
> 점화(點火) 없이는 살아 있지 못하는 것들이여.
>
> ─「감격」 전문

시인은 "재 속의 불씨와도 같이" "감격을 비장하"고 있다고 했다. 그러다가 현현의 순간에 상상력의 점화를 시도한다. 이 몽상의 불꽃이 튀는 순간이 곧 정현종의 시가 탄생하는 순간이다. 그 순간을 위해 시인은 "무한 마음─대공(大空)"의 경지를 꿈꾼다. "태양을 밝히고/길을 밝히고 발길을/비춘 건 큰 산과 맑은 공기와/마음─무한 마음─대공(大空)하는/적요(寂寥)이었다." 이어서 노래한다. "적요한테는/닿지 않는 데가 없었고/

보이지 않는 게 없었으며/들리지 않는 게 없었다"(「형광등으로 태양을 비추다」). 그러니까 적요의 시간은 단순하게 고즈넉한 순간이 아니라 이런저런 수런거림과 일렁임으로 움직이고 파동치는 순간이다. 시인이 그것을 볼 수 있는 눈을 지녔기 때문이다. 하여 적요는 "무한 마음―대공(大空)"의 경지에서 시적 바람〔風〕을 일으키고, 서정적 바람〔願〕을 낳는다. 그 바람들이 신명의 풀무질과 호응하며 흥을 지핀다. 흥에 겨워 더불어 추임새를 넣을 때 정현종의 어조는 유머러스해지면서 상호 소통의 지평에 접근한다. 그러면서 영혼의 강장제로서 시를 나누게 된다.

다시 말하거니와 그 심층의 기반은 "무한 마음―대공(大空)"이다. 그것도 투명한 대공이다. 허허로운 대공이다. "이런 투명 속에서는/일체가 투명하여,/아무것도 보이지 않아,/몸도 마음도/보이지 않아,/(그야말로)/나지도 않고/죽지도 않아,/성스러워,/전무(全無)하여!"(「이런 투명 속에서는」)에서 확인할 수 있는 것처럼, 시인이 투명함에 찬탄을 보내는 것도 그런 맥락에서이다. 더불어 찬탄하는 시인은 추임새의 시학이라고 불림직한 어법을 종종 구사한다. 앞의 시에서 괄호 처리된 "(그야말로)" 같은 부분이 그렇다. 이 시 말고도 여러 시편들에서 그는 시적 진술을 확대 심화하거나, 부연하거나, 호응하거나, 공감하거나, 찬탄하거나 할 때 종종 괄호 안의 추임새를 사용한다. 그 추임새로 인해 시적인 흥 내지 신명은, 마치 판소리 판에서 창자와 고수가 주고받듯이, 시인과 독자, 시적 화자와 청자 사이에 상호 소통의 지평을 역동적으로 열어나간다.

'눈'사람 시인 정현종이 "무한 마음—대공(大空)"의 경지를 보고자 하고 독자와 더불어 찬탄하고자 하는 것은 매우 자연스럽다. 갈수록 세상은 더 자극적이고, 더 폭력적이고, 더 혼탁해지고, 더 천박해지는 경향으로부터 자유롭지 않다. 이런 세상에서 내면적 영혼의 몽상을 꿈꾸는 시인의 작업이란 고단하기 짝이 없다. 현상적으로 보이는 것, 들리는 것을 지우고 반성하면서, "무한 마음"으로 "대공(大空)"을 보려 하지 않으면 범속한 세상의 혼탁한 리듬에 침윤되기 쉽다. 그렇기에 정현종은 "무한 마음"으로 "대공(大空)"의 꿈을 꾸려 하는 것이다. 문득 그가 예전에 쓴 산문 구절이 떠오른다. 맨발로 흙을 밟고 풀을 밟아나가다가 어느덧 가볍게 날아오르는 신비 체험을 하게 되었다고 했었다. "나는 떠올랐다. 가벼운 에테르처럼 날아올라 바람처럼 높이 솟으면서, 그리고 흙과 풀이 나를 바라보고 있는 동안 나는 춤추듯 하나씩 하나씩 옷을 벗었다. [……] 나는 인제 벌거숭이의 투명함이 내뿜는 빛에 싸여, 상승과 비상의 이미지의 육체인 듯 영원히 움직이지 않을 것처럼 움직이고 있었다"(『날자, 우울한 영혼이여』, 『날아라 버스야』, pp. 34~35). 그렇게 비상하면서 "무한 마음"으로 "대공(大空)"의 몽상, "대공(大空)"의 리듬을 독자들에게 선사할 수 있지 않았을까, 시인 정현종은…… 그의 시적 각성과 리듬에 취한 독자들은 새삼 견딜 수 없게 된다. 새롭게 꿈을 꾸지 않을 도리가 없는 것이다.

㈜**문학과지성사**

|기획의 말|

 1975년 출범하여 오늘까지 이어져온 '문학과지성 시인선'이 독자들의 사랑과 문인들의 아낌 속에 한국 현대시의 폴리스Polis를 이루게 된 사실은 문학과지성사에 내린 지복이기도 하지만 동시에 한국시를 즐겨 읽는 독자들에겐 '상리공생(相利共生)'의 사안이기도 하다. 왜냐하면 한국시의 수준과 다양성을 동시에 측량할 수 있는 박물관의 역할을 이 시인선이 해줄 수 있기 때문이다. 요컨대 여기는 한국시의 '레이나 소피아Reina Sofia'이다. 시의 '뮤제오 프라도Museo Prado'가 보이지 않는 게 아쉽긴 하지만.
 그러나 '문학과지성 시인선'이 현대시의 개성들을 다 모아놓고 있다고 오연히 자부할 수는 없다. 시인선의 편집자들이 한국어의 자기장 내에서 발화하는 시의 빛점들을 포집하기 위하여

고감도 안테나를 드넓게도 촘촘히도 작동시켰다 하더라도, 유한자 인간의 "앨쓴"(정지용, 「바다」) 작업은 빈번히 누락과 착오로 인한 어두운 그늘들을 드리워놓기 십상이기 때문이다. 환상과 우연의 힘들은 완전하고자 하는 의지를 김 빼는 한편, 우리의 울타리 바깥에서도 시의 자치구들이 사방에 산재해 저마다 저의 권역을 넓혀나가고 있다는 사실을 확인케 해 새삼 우리를 겸허한 반성 쪽으로 이끌고 간다.

모든 생명적 장소가 그러하듯이 시의 구역들 역시 활발한 대사 운동 끝에 팽창과 수축을 거듭하면서 크게 자라기도 하고 소멸되기도 한다. 때로는 구역의 진화와 시의 진화가 심히 어긋나는 때가 있으며, 그중 구역은 사용을 멈추었는데 시는 여전히 생생히 살아 있을 경우야말로 애달픈 인간사 그 자체가 아닐 수 없다. 외로 떨어진 시 덩어리는 우주선과 잡석들이 빗발치는 망망한 말의 우주의 유랑자의 위상에 처하게 되고 갈 곳 모른 채 표류하다가 서서히 소실의 검은 구멍 속으로 빨려 들어가거나 완벽한 정적의 외진 구석에 유폐된 채로 그 자리에서 먼지로 화할 수도 있을 것이다.

실로 한국 현대시 100년을 경과하면서 역사의 무덤 속으로 들어가기를 거절하고 삶의 현장에 현존하고자 하는 의지를 내뿜는 시뭉치들이 이곳저곳에서 출몰하는 횟수를 늘려가고 있었으니, 특히 20세기 후반기에 출판되었다가 다양한 사연으로 절판되었거나 출판사가 폐문함으로써 독자에게로 가는 통로를 차단당한 시집들의 사정이 그러하여, 이들이 벌겋게 단 얼굴로 불현

듯 우리 앞을 스쳐 지나갈 때마다 우리는 저 시뭉치의 불행과 저들과 생이별하여 마음의 양식을 잃은 우리의 불운을 한꺼번에 안타까워하는 처지에 몰리게 된다.

그리하여 우리는 '문학과지성 시인선' 내부에 작은 여백을 열고 이 독립 행성들을 우리 항성계 안으로 모시고자 한다. 이는 '시인선'의 현 단계의 허전함을 메꾸기 위함이요, 돌연 지구와의 교신망을 상실한 시뭉치에 제2의 터전을 제공하기 위함이요, 독자의 호시심(好詩心)에 모자람이 없도록 하고자 함이니, 이 삼중의 작업을 한꺼번에 이행함으로써 우리는 한국시에 영원히 마르지 않을 생명샘의 가는 한줄기가 될 수 있기를 소망한다.

이 작업을 통해서 우리는 옛것의 귀환이라는 사건을 때마다 일으킬 터인데, 이 특별한 사건들은 부족을 메꾸는 부정-보충적 행위를 넘어 새로운 시의 미각적 지대, 아니 더 나아가 새로운 정신적 지평을 여는 발견적 행동이 되고야 말리라는 것을 확신하는 바이다. 우리가 특별히 모실 이 시집들의 숨겨진 비밀이 워낙 많다는 뜻을 이 말은 품고 있거니와, 진정 이 시집들은 처음 세상에 모습을 드러내었던 당시 독자를 충격했던 새로움을 보존할 뿐만 아니라 같은 강도의 미지의 새 새로움의 애채를 옛 새로움의 나무 위에 돋아나게 해줄 것이 틀림없다. 그리하여 독자는 시오랑E. M. Cioran이 언젠가 말했듯 "회상과 예감réminiscence et pressentiment이 반대 방향으로 멀어지기는커녕, 하나로 합류하는"(「생-종 페르스Saint-John Perse」, 『예찬 실습 Exercises d'admiration』 in 『저작집 Œuvres』, Pleiade/Gallimard, 2011)

희귀한 체험을 생생히 누리리라 짐작하거니와, 이 말의 주인이 그 체험의 발생주체로 예거한 시인을 가리켜 "모든 시간대에서 동시대인으로 존재하는 사람un contemporain intemporel"이라고 말했던 것과 마찬가지로, 이 체험의 신비함이야말로 모든 시간대에서 최고의 신선도로 독자를 흥분케 할 것이다.

 그렇긴 하지만 우리는 이 재생의 사건들을 특별히 꾸리는 별도의 총서는 자제하였다. 그보단 우리의 익숙한 도시인 '문학과 지성 시인선' 안에 포함시키고자 하는데, 우리의 '시인선' 자체가 늘 그런 신비한 체험을 독자들에게 제공해주기를 기대하기 때문이다. 다만 아주 시치미를 떼어서 독자를 정보의 결핍 속에 방치하는 우를 범할 수는 없는 연유로, 처음부터 시작하는 번호에 기호 R을 멜빵처럼 감쳐서, 돌아온 시집임을 표지하고자 한다. R은 직접적으로는 복간reissue의 뜻을 가리키겠지만 방금의 진술에 기대면 이 귀환은 곧 신생과 다름이 없어서, 반복répétition이 곧 부활résurrection이라는 뜻을 함축할 뿐 아니라 더 과감히 반복만이 부활을 가능케 한다는 주장까지 포함할 수 있을 것인데, 그 주장이 우리 일상의 천편일률적이고 지루하고 데데한 반복을 돌연 최초의 생의 거듭남으로 변신시키는 마법의 수행을 독자들에게 부추길 것을 어림한다면, 그것은 아무리 되풀이 강조되어도 지나치지 않을 것이다. 더욱이 어느 현대 시인은 "R이 없어서, 죽음은 말 속에서 숨 막혀 죽는다 *Privé d'R, la mort meurt d'asphyxie dans le moi*"(에드몽 자베스Edmond Jabès, 『엘, 혹은 최후의 책*El, ou le dernière livre*』,

1973)는 촌철로 언어의 생살을 도려내었으니, R을 통해서만 언어는 존재의 장식이기를 그치고 죽음조차 삶의 운동으로 되살리는 것이다.

그러니 '문학과지성 시인선'의 새로운 R의 행렬 속에서 우리가 독자들에게 바라는 것은 이 한 글자의 연장이 무엇이든 그 안에 숨어 있는 한결같은 동작은 저 시인이 암시하듯 숨통 터주는 일임을 상기해달라는 것이다. 이 혀를 안으로 마는 짧은 호흡은 곧이어 제 글자의 줄이 초롱처럼 매달고 있는 시집으로 이목을 돌리게 해, 낱낱의 꽃잎처럼 하늘거리는 쪽들을 흔들어 즐겁고도 신기한 언어의 화성이 울리는 광경을 마침내 목격하고 청취하는 데까지 당신을 이끌고 갈 수 있을 터이니, 그때쯤이면 이 되살아난 시집의 고유한 개성적 울림이 시집에 본래 내재된 에너지의 분출이면서 동시에 그것을 그렇게 수용하고자 한 독자 자신의 역동적 상상력의 작동임을 제 몸의 체험으로 느끼게 되리라.

㈜문학과지성사